CURIOSITÉS

JUDICIAIRES ET HISTORIQUES

DU MOYEN AGE

PROCÈS CONTRE LES ANIMAUX

PAR ÉMILE AGNEL

> Parler sans haine et sans crainte, dire toute la vérité et rien que la vérité.

PARIS

J. B. DUMOULIN, LIBRAIRE

QUAI DES GRANDS-AUGUSTINS, 13

1858

ON TROUVE A LA MÊME LIBRAIRIE :

AGNEL (E.). Observations sur la prononciation et le langage rustique des environs de Paris. In-18...... 3 fr.

ARCHIVES DE L'ART FRANÇAIS, recueil de documents inédits relatifs à l'histoire des arts en France. *Paris*, 1851-1858. 8 vol. in-8°...... 60 fr.

Cette publication, qui se continue depuis 1851, s'adresse non-seulement aux amateurs de curiosités historiques, mais à tous ceux qu'intéresse sérieusement l'histoire de l'art national. Des études sur nos grands maîtres, tels que Lesueur, Puget, Greuze, etc., y alternent avec des documents variés, qui tantôt éclairent les détails les plus intimes de la vie des artistes, tantôt font connaître les circonstances dans lesquelles ils ont exécuté leurs travaux. C'est dans ce recueil, publié sous la direction de MM. de Chennevières et de Montaiglon, qu'a paru un des plus remarquables ouvrages du dix-huitième siècle l'*Abecedario* de Mariette, le savant et délicat amateur dont les jugements en matière d'art ont eu pendant longtemps et conservent encore une si légitime autorité. On peut donc recommander une publication qui répond si heureusement à son titre en révélant à l'art contemporain quelques-unes des pages les plus curieuses de son passé.

(*Note extraite de la Revue des Deux-Mondes, du 1er mai 1858.*)

BORDIER et LALANNE. Dictionnaire de pièces autographes volées aux bibliothèques publiques de la France, précédé d'observations sur le commerce des autographes. *Paris*, 1853. In-8°.................. 10 fr.

CHASSANT. Paléographie des chartes et des manuscrits du onzième au dix-septième siècle. Pet. in-8°, avec planches in-4°................ 8 fr.

Approuvé par le ministre de l'instruction publique, d'après l'avis du comité des chartes, pour la lecture des anciennes écritures.

DU BOIS. Recherches archéologiques, historiques, biographiques et littéraires sur la Normandie. *Paris*, 1843. In-8° br.................. 5 fr.

Ce volume contient d'intéressants détails sur les possédés en Normandie, le poëte Montchrestien, François de Civille trois fois mort et trois fois ressuscité, le chevalier de Clieu, qui dota la France du café, etc. La dernière partie de l'ouvrage est consacrée aux préjugés et superstitions, loups-garous, revenants, sortiléges, etc.

FILLON. Monnaies françaises inédites, *Paris*, 1853. In-8°, avec 10 planches représentant plus de 200 monnaies, br.................. 10 fr.

— Considérations historiques et artistiques sur les monnaies de France. *Fontenay* (Vendée), 1850. In-8°, avec 4 planches, br.............. 7 fr.

LENOIR. Traité historique de la peinture sur verre, et description de vitraux anciens et modernes, pour servir à l'histoire de l'art en France. *Paris*, 1856. Gr. in-8°, avec 66 planches gravées sur cuivre. Cart. 15 fr.

Cette édition a été tirée à 85 exemplaires. On y a ajouté un supplément, deux tables et douze planches qui ne se trouvent pas dans l'édition précédente.

MÉMOIRES de l'Académie celtique, ou Recherches sur les antiquités celtiques, gauloises et françaises. *Paris*, 1807-12. 6 vol. in-8°, fig..... 48 fr.

MÉMOIRES inédits sur la vie et les ouvrages des membres de l'Académie royale de peinture et de sculpture, publiés d'après les manuscrits conservés à l'école impériale des Beaux-Arts. *Paris*, 1854. 2 forts vol. in-8°, br.................... 15 fr.

Cet ouvrage, publié sous les auspices de M. le ministre de l'intérieur et auquel M. Vitet a consacré une longue étude dans le *Journal des Savants*, est, avec celui de d'Argenville, le travail le plus important que nous ayons sur l'histoire des artistes français. Les biographies qu'il contient proviennent toutes des anciennes archives de l'Académie; les unes sont l'œuvre de ses historiographes, les autres sont les renseignements mêmes communiqués par les familles.

— Le même ouvrage, *papier de Hollande* (*tiré à 25 exemplaires*). 25 fr.

MÉMOIRES sur les langues, dialectes et patois, tant de la France que des autres pays (avec la traduction de la parabole de l'Enfant prodigue en 85 patois différents). *Paris*, 1824. In-8° (t. VI des Ant. de France), br. 6 fr.

WOILLEZ. Archéologie des monuments religieux de l'ancien Beauvoisis pendant la métamorphose romane. *Paris*, 1856. Fort vol. in-fol., orné de 129 planches représentant plus de 1,200 sujets; avec une carte archéologique indiquant les abbayes et prieurés, etc. Cartonné, non rogné....... 50 fr.

Cet ouvrage, fruit de longues années de travail, contient les monographies de plus de cent églises ou portions d'églises chrétiennes. Il constitue, par l'importance des monuments qui y sont décrits et la classification méthodique qui y est suivie, une véritable archéologie religieuse de la France jusqu'à la fin du douzième siècle. A ce point de vue, il s'adresse non-seulement à l'amateur d'histoire locale, mais encore au savant, à l'archéologue curieux d'étudier les différentes phases de notre architecture, surtout pendant la période si intéressante du moyen âge.

Paris. — Imp. de Pillet fils aîné.

CURIOSITÉS

JUDICIAIRES ET HISTORIQUES

DU MOYEN AGE

PROCÈS CONTRE LES ANIMAUX

I.

L'auteur se propose de publier sous ce titre une série de brochures sur divers sujets se rattachant aux mœurs et usages du moyen âge.

Paris. — Imp. de Pillet fils aîné, rue des Grands-Augustins, 5.

CURIOSITÉS

JUDICIAIRES ET HISTORIQUES

DU MOYEN AGE

PROCÈS CONTRE LES ANIMAUX

PAR ÉMILE AGNEL

> Parler sans haine et sans crainte, dire toute la vérité et rien que la vérité.

PARIS
J. B. DUMOULIN, LIBRAIRE,
QUAI DES GRANDS-AUGUSTINS, 13.

1858

CURIOSITÉS

JUDICIAIRES ET HISTORIQUES

DU MOYEN AGE.

PROCÈS CONTRE LES ANIMAUX.

Les singularités judiciaires sont nombreuses et variées au moyen âge, et souvent les magistrats interviennent dans des circonstances si bizarres, que nous avons peine à comprendre, de nos jours, comment ces graves organes de la justice ont pu raisonnablement figurer dans de telles affaires.

Toutefois notre but n'est pas de critiquer ici des usages plus ou moins absurdes, mais d'en constater simplement l'existence. Nous bornons notre rôle à raconter les faits, sauf au lecteur à en tirer lui-même les conséquences.

Plusieurs siècles nous séparent de l'époque dont nous cherchons à étudier les mœurs et les idées, qui forment avec les nôtres de si étranges disparates ; aussi n'est-ce qu'après de scrupuleuses recherches faites dans les ouvrages des jurisconsultes et des historiens les plus respectables, que nous avons osé présenter cette rapide esquisse.

Au moyen âge on soumettait à l'action de la justice tous les faits condamnables de quelque être qu'ils fussent émanés, même des animaux.

L'histoire de la jurisprudence nous offre à cette époque de nombreux exemples de procès dans lesquels figurent des taureaux, des vaches, des chevaux, des porcs, des truies, des coqs, des rats, des mulots, des limaces, des fourmis, des chenilles, sauterelles, mouches, vers et sangsues.

La procédure que l'on avait adoptée pour la poursuite de ces sortes d'affaires revêtait des formes toutes spéciales; cette procédure était différente, suivant la nature des animaux qu'il s'agissait de poursuivre.

Si l'animal auteur d'un délit — tel par exemple qu'un porc, une truie, un bœuf — peut être *saisi*, *appréhendé au corps*, il est traduit devant le tribunal criminel ordinaire, il y est assigné *personnellement*; mais s'il s'agit d'animaux sur lesquels on ne peut mettre la main, tels que des insectes ou d'autres bêtes nuisibles à la terre, ce n'est pas devant le tribunal criminel ordinaire que l'on traduira ces délinquants *insaisisssables*, mais devant le tribunal ecclésiastique, c'est-à-dire devant l'officialité.

En effet que voulez-vous que fasse la justice ordinaire contre une invasion de mouches, de charançons, de chenilles, de limaces? elle est impuissante à sévir contre les dévastations causées par ces terribles fléaux; mais la justice religieuse, qui est en rapport avec la Divinité, saura bien atteindre les coupables; elle en possède les moyens : il lui suffit de fulminer l'excommunication.

Tels étaient, en matière de procès contre les animaux, les principes admis par les jurisconsultes du moyen âge. Arrivons maintenant à la preuve de cette assertion.

Parlons d'abord des procès poursuivis contre les animaux devant la justice criminelle ordinaire.

Comme on le voit encore de nos jours dans certaines localités, les porcs et les truies, au moyen âge, couraient en liberté dans les rues des villages, et il arrivait souvent qu'ils dévoraient des enfants; alors on procédait directement contre ces animaux par voie criminelle. Voici quelle était la marche que suivait la procédure :

On incarcérait l'animal, c'est-à-dire le *délinquant*, dans la prison du siége de la justice criminelle où devait être instruit le procès. Le procureur ou promoteur des causes d'office, c'est-à-dire l'officier qui exerçait les fonctions du ministère public auprès de la justice seigneuriale, requérait la mise en accusation du coupable. Après l'audition des témoins et vu leurs dépositions affirmatives concernant le fait imputé à l'accusé, le promoteur faisait ses réquisitions, sur lesquelles le juge du lieu rendait une sentence déclarant l'animal coupable d'homicide, et le condamnait définitivement à être étranglé et pendu par les deux pieds de derrière à un chêne ou aux fourches patibulaires, suivant la coutume du pays.

Du treizième au seizième siècle, les fastes de la jurisprudence et de l'histoire fournissent de nombreux exemples sur l'usage de cette procédure suivie contre des pourceaux et des truies qui avaient dévoré des enfants, et qui, pour ce fait, étaient condamnés à être pendus.

Nous mentionnerons à ce sujet les sentences et exécutions suivantes :

Année 1266. — Pourceau brûlé à Fontenay-aux-Roses, près Paris, pour avoir dévoré un enfant (1).

Septembre 1394. — Porc pendu à Mortaing, pour avoir tué un enfant de la paroisse de Roumaigne (2).

Année 1404. — Trois porcs suppliciés à Rouvres, en Bourgogne, pour avoir tué un enfant dans son berceau (3).

17 *juillet* 1408. — Porc pendu à Vaudreuil pour un fait de même nature, conformément à la sentence du bailly de Rouen et des consuls, prononcée aux assises de Pont-de-l'Arche tenues le 13 du même mois (4).

24 *décembre* 1414. — Petit pourceau traîné et pendu par les jambes de derrière, pour meurtre d'un enfant, suivant sentence du mayeur et des échevins d'Abbeville (5).

14 *février* 1418. — Autre pourceau coupable du même fait et pendu de la même manière, en vertu d'une sentence du mayeur et des échevins d'Abbeville (6).

Vers 1456. — Porc pendu en Bourgogne pour une cause semblable (7).

(1) *Histoire du diocèse de Paris*, par l'abbé Lebeuf, 1757, t. IX, p. 400.

(2) Pièce copiée dans les manuscrits de la bibliothèque impériale et reproduite dans le tome VIII des *Mémoires de la société des antiquaires de France*; *Rapport* par M. Berriat Saint-Prix, p. 439.

(3) Courtépée, *Description générale et particulière du duché de Bourgogne*. Dijon, 1847, t. II, p. 238.

(4) *Mémoires de la société des antiquaires*, t. VIII, p. 440.

(5) Extrait du *Livre rouge*; M. Louandre, *Histoire ancienne et moderne d'Abbeville*, 1834, p. 214.

(6) M. Louandre, ouvrage précité, p. 415.

(7) *Guypape*, *decisio*. quest. 238, édition de 1667, in folio.

10 *janvier* 1457. — Truie pendue à Savigny pour meurtre d'un enfant âgé de cinq ans (1).

Année 1473. — Pourceau pendu à Beaune par jugement du prévôt de cette ville, pour avoir mangé un enfant dans son berceau (2).

10 *avril* 1490. — Pourceau pendu pour avoir *meurdri* (tué) *ung enffant en son bers* (berceau). Le *Livre rouge* d'Abbeville, qui mentionne ce fait, ajoute que la sentence du maire d'Abbeville fut prononcée par ce magistrat sur les *plombs de l'eschevinage, au son des cloches, le* 10me *jour d'avril* 1490 (3).

14 *juin* 1494. — Sentence du grand mayeur de Saint-Martin de Laon qui condamne un pourceau à être pendu pour avoir *defacié* et étranglé un jeune enfant dans son berceau (4).

Année 1497. — Truie condamnée à être assommée pour avoir mangé le menton d'un enfant du village de

(1) *Mémoires de la société des antiquaires de France*, t. VIII, p. 441.

(2) Courtépée, *Description du duché de Bourgogne*, t. II, p. 285.

(3) M. Louandre, *Histoire d'Abbeville*, p 415.

(4) Cette sentence est rapportée en entier dans l'*Annuaire du département de l'Aisne*, publié par Miroy-Destournelles, année 1812, pages 88 et 89; elle se termine ainsi : « Nous, en detestation et horreur du dit cas, et afin d'exemplaire et gardé justice, avons dit, jugé, sentencié, prononcé et appointé que le dit pourceaulz estant détenu prisonnier et enfermé en la dicte abbaye, sera, par le maistre des hautes œuvres, pendu et estranglé en une fourche de bois, auprès et joignant des fourches patibulaires et hautes justices des dits religieux estant auprès de leur cense d'Avin; En temoing de ce, nous avons scellé la présente de nostre scel. — Ce fut fait le 14e jour de juing, l'an 1494, et scellé en cire rouge; et sur le dos est écrit : Sentence pour ung pourceaulz exécuté par justice, admené en la cense de Clermont et estranglé en une fourche lez gibez d'Avin.

Charonne. La sentence ordonna en outre que les chairs de cette truie seraient coupées et jetées aux chiens; que le propriétaire et sa femme feraient le pèlerinage de Notre-Dame de Pontoise, où étant le jour de la Pentecôte, ils crieraient : *Merci!* de quoi ils rapportèrent un certificat (1).

18 *avril* 1499. — Sentence qui condamne un porc à être pendu, à Sèves, près Chartres, pour avoir donné la mort à un jeune enfant (2).

Année 1540. — Pourceau pendu à Brochon, en Bourgogne, pour un fait semblable, suivant sentence rendue en la justice des chartreux de Dijon (3).

20 *mai* 1572. — Sentence du maire et des échevins de Nancy qui condamne un porc à être étranglé et pendu pour avoir dévoré un enfant à Moyen-Moutier (4).

Les jugements et arrêts en cette matière étaient mûrement délibérés et gravement prononcés; voyez ce

(1) Carlier, *Histoire du duché de Valois*, t. II, p. 207.

(2) *Mémoires de la société des antiquaires de France*, t. VIII, p. 443.

(3) Courtépée, *Description du duché de Bourgogne*, t. II, p 170.

(4) Lionnois, *Histoire de Nancy*, t. II, p. 373 et suiv. Nancy, 1811. L'auteur rapporte en entier le procès-verbal de la remise du porc. On y lit entre autres détails que le porc a été *prins et mis en prison*; que cet animal, lié d'une corde, a été conduit près d'une croix au delà du cimetière; que de toute ancienneté, la justice du seigneur (l'abbé de Moyen-Moutier) a coutume de délivrer au prévôt de Saint-Diez, près de cette croix, les condamnés *tous nus*, pour en faire faire l'exécution et *ad cause que le dict porc est une beste brute, les Maire et Justice le deliburent en ce dict lieu et laissent le dict porc lié d'icelle corde de grace speciale* et sans préjudice du droit qui appartient au seigneur de délivrer les criminels *tous nus*.

passage d'une sentence rendue par le juge de Savigny, le 10 janvier 1457; il s'agit d'une truie :

« ... C'est assavoir que pour la partie dudit demandeur, avons cité, req [illegible] instamment en cette cause, en présence dudit défendeur présent et non contredisant, pourquoi nous, juge, avons dit, savoir faisons à tous que nous avons procédé et donné notre sentence définitive en la manière qui suit; c'est assavoir que veu le cas est tel comme a esté proposé pour la partie du dit demandeur et duquel appert à suffisance, tant par tesmoing que autrement dehuement hue. Aussi conseil avec saiges et praticiens (1) et aussi concidérer en ce cas l'usage et coustume du païs de Bourgoigne, aïant Dieu devant les yeulx, nous disons et prononçons pour notre sentence définitive et à droit et à icelle notre dicte sentence, déclarons la truie de Jean Bailli, *alias* (autrement dit) Valot, pour raison du multre et homicide par icelle truie commis... estre pendue par les pieds du derrière à un arbre espromé, etc. »

L'exécution était publique et solennelle; quelquefois l'animal paraissait habillé en homme. En 1386 une sentence du juge de Falaise condamna une truie à être mutilée à la jambe et à la tête, et successivement pendue pour avoir déchiré au visage et au bras et tué un enfant. On voulut infliger à l'animal la peine du

(1) A cette époque, l'usage s'était introduit d'attacher à chaque siége de justice quelques praticiens ou légistes qui prenaient place aux audiences. L'article 73 de l'ordonnance de juillet 1493 les désigne sous le nom d'*officiers praticiens et autres gens de bien* des sénéchaussés, bailliages et prevôtés. Les articles 87 et 94 de l'ordonnance de mars 1498 les dénomment *conseillers et praticiens des siéges et auditoires.*

talion. Cette truie fut exécutée sur la place de la ville, en habit d'homme ; l'exécution coûta dix sous dix deniers tournois, plus un gant neuf à l'exécuteur des hautes œuvres (1). L'auteur de l'*Histoire du duché de Valois*, qui rapporte le même fait (2), ajoute que ce gant est porté sur la note des frais et dépens pour une somme de six sous tournois, et que dans la quittance donnée au comte de Falaise par le bourreau, ce dernier y déclare qu'il s'y tient pour *content et qu'il en quitte le roi notre sire et ledit vicomte*. Voilà une truie condamnée bien juridiquement!

Nous trouvons aussi dans un compte du 15 mars 1403 (3) les détails suivants sur la dépense faite à l'occasion du supplice d'une truie, qui fut condamnée à être pendue à Meulan pour avoir dévoré un enfant :

« Pour dépense faite pour elle dedans la geole, six sols parisis (4);

« *Item*, au maître des hautes œuvres, qui vint de Paris à Meulan faire ladite exécution par le commandement et ordonnance de nostre dit maistre le bailli et du procureur du roi, cinquante-quatre sols parisis ;

(1) *Statistique de Falaise*, 1827, t. I, p. 83.

(2) T. III, p. 407.

(3) *Mémoires de la société des antiquaires de France*, t. VIII, p. 433.

(4) Dans une quittance délivrée le 16 octobre 1408 par un tabellion de la vicomté de Pont de l'Arche au geôlier des prisons de cette ville, les frais de nourriture journalière d'un pourceau incarcéré pour cause de meurtre d'un enfant, sont portés au même taux que ceux indiqués dans le compte pour la nourriture individuelle de chaque homme alors détenu dans la même prison. (*Ibid*, p. 440 et 441.)

« *Item*, pour voiture qui la mena à la justice, six sols parisis ;

« *Item*, pour cordes à la lier et hâler, deux sols huit deniers parisis ;

« *Item*, pour gans, deux deniers parisis. »

En octroyant des gants au bourreau, on voulait sans doute, d'après les mœurs du temps, que ses mains sortissent pures de l'exécution d'une *bête brute*.

Un compte de 1479, de la municipalité d'Abbeville, nous apprend qu'un pourceau également condamné pour meurtre d'un enfant fut conduit au supplice dans une charrette ; que les sergents à masse l'escortèrent jusqu'à la potence, et que le bourreau reçut soixante sous pour sa peine (1).

Pour une semblable exécution faite en 1435 à Tronchères, village de Bourgogne, le *carnacier* (le bourreau) reçut également une somme de soixante sous (2).

Les formalités étaient si bien observées dans ces sortes de procédures, que l'on trouve au dossier de l'affaire du 18 avril 1499, ci-dessus mentionnée, jusqu'au procès-verbal de la signification faite au pourceau dans la prison où l'on déposait les condamnés avant d'être conduits au lieu d'exécution.

On procédait aussi par les mêmes voies judiciaires contre les taureaux coupables de meurtres. Dans la poursuite on observait des formalités identiques avec celles que nous venons d'indiquer.

(1) M. Louandre *Histoire d'Abbeville*, p. 215.

(2) *Annuaire du département de la Côte-d'Or pour l'an* 1827, par Amanton, 2e partie, p. 91.

En effet, écoutons l'auteur de l'*Histoire du duché de Valois*, qui rapporte (1) le fait suivant :

« Un fermier du village de Moisy laissa échapper un taureau indompté. Ce taureau ayant rencontré un homme, le perça de ses cornes ; l'homme ne survécut que quelques heures à ses blessures. Charles, comte de Valois, ayant appris cet accident au château de Crépy, donna ordre d'appréhender le taureau et de lui faire son procès. On se saisit de la bête meurtrière. Les officiers du comte de Valois se transportèrent sur les lieux pour faire les informations requises ; et sur la déposition des témoins ils constatèrent la vérité et la nature du délit. Le taureau fut condamné à être pendu. L'exécution de ce jugement se fit aux fourches patibulaires de Moisy-le-Temple. La mort d'une bête expia ainsi celle d'un homme.

« Ce supplice ne termina pas la scène. Il y eut appel de la sentence des officiers du comte, comme juges incompétents, au parlement de la Chandeleur de 1314. Cet appel fut dressé au nom du procureur de l'hôpital de la ville de Moisy. Le procureur général de l'ordre intervint. Le parlement reçut plaignant le procureur de l'hôpital en cas de saisine et de nouvelleté, contre les entreprises des officiers du comte de Valois. Le jugement du taureau mis à mort fut trouvé fort équitable ; mais il fut décidé que le comte de Valois n'avait aucun droit de justice sur le territoire de Moisy, et que les officiers n'auraient pas dû y instrumenter (2). »

(1) Carlier, t. 2, p. 207.

(2) Saint-Foix, dans ses *Essais historiques sur Paris*, t. V, p 100, édition de 1776, rappelle également cet arrêt.

Cette condamnation n'est pas la seule de cette espèce. En 1499 un jugement du bailliage de l'abbaye de Beaupré, ordre de Citeaux, près Beauvais, rendu sur requête et information, condamna à la potence jusqu'à mort inclusivement un taureau « pour avoir par furiosité occis un joine fils de quatorze à quinze ans, » dans la seigneurie du Cauroy, qui dépendait de cette abbaye (1)

Les chevaux étaient aussi poursuivis criminellement à raison des homicides qu'ils avaient commis. Les registres de Dijon constatent qu'en 1389 un cheval, sur l'information faite par les échevins de Montbar, fut condamné à mort pour avoir *occis* un homme (2).

Dès le treizième siècle Philippe de Beaumanoir, dans ses *Coutumes du Beauvoisis*, n'avait pas craint de signaler en termes énergiques l'absurdité de ces procédures dirigées contre les animaux à raison des homicides qu'ils avaient commis. « Ceux, disait-il, qui ont droit de justice sur leurs terres font poursuivre devant les tribunaux les animaux qui commettent des meurtres; par exemple lorsqu'une truie tue un enfant, on la pend et on la traîne; il en est de même à l'égard des autres animaux. Mais ce n'est pas ainsi que l'on doit agir, car les bêtes brutes n'ont la connaissance ni du bien ni du mal; et sur ce point c'est justice perdue : car la justice doit être établie pour la vangeance du crime et pour que

(1) *Voyage littéraire de deux bénédictins* (D. Durand et D. Martène). Paris, 1717, in-4°, 2e partie, p. 166 et 167. *L'Histoire du duché de Valois*, t. II, p. 207, mentionne aussi ce fait.

(2) *Annuaire du département de la Côte-d'Or pour l'an* 1827, par Amanton, 2e partie, p. 91, note 1.

celui qui l'a commis sache et comprenne quelle peine il a méritée. Or le discernement est une faculté qui manque aux bêtes brutes. Aussi est-il dans l'erreur celui qui, en matière judiciaire, condamne à la peine de mort une bête brute pour le méfait dont elle s'est rendue coupable; mais que ceci indique au juge qu'elle est en pareille circonstance l'étendue de ses droits et de ses devoirs (1). »

Cependant les critiques du célèbre jurisconsulte ne furent point écoutées, et ce mode de poursuites continua à être suivi dans tous les procès de cette espèce, qui devinrent si nombreux du quatorzième au seizième siècle.

En effet, aux époques dont nous parlons, la jurisprudence, se basant d'ailleurs sur l'autorité des livres saints (2), avait adopté l'usage d'infliger aux animaux

(1) « Li aucun qui ont justices en lor terres, si font justice des bestes quant eles metent aucun a mort; si comme se une truie tue un enfant, il le pendent et trainent, ou une autre beste; mais c'est noient à fere, car bestes mues n'ont nul entendement qu'est biens ne qu'est maus; et por ce est che justice perdue. Car justice doit estre fete por la venjance du meffet, et que cil qui a fet le meffet sace et entende que por cel meffet il emporte tel paine; mais cix entendemens n'est pas entre les bestes mues. Et porce se melle il de nient qui en maniere de justice met beste mue à mort por meffet; mais faicent li sires son porfit, comme de se coze qui li est aquise de son droit. » (*Coutumes du Bauvoisis*, de Bhilippe de Beaumanoir, édition publiée par M. le comte Beugnot, t. II, p. 485.)

(2) L'Exode, chapitre XXI, verset 28, porte : « *Si bos cornu percusserit virum aut mulierem, et mortui fuerint, lapidibus obruetur; et non comedentur carnes ejus.* » M. le procureur général Dupin, dans ses *Règles de droit et de morale tirées de l'Écriture sainte* (Paris, 1858), ajoute au bas de ce texte, page 215, la note suivante : « Il est raisonnable de faire abattre un animal dangereux, par exemple un bœuf qui joue de la corne. Mais empêcher de le man-

des peines proportionnées aux délits dont ils étaient convaincus (1).

On pensait que le supplice du gibet appliqué à une bête coupable d'un meurtre imprimait toujours l'horreur du crime, et que le propriétaire de l'animal ainsi condamné était suffisamment puni par la perte même qu'il faisait de cet animal. Telles étaient les idées de nos pères sur le point qui nous occupe; mais elles se modifièrent successivement. En effet, à partir de la seconde moitié du seizième siècle, les annales de la jurisprudence ou les historiens ne nous offrent plus d'exemples de condamnations *capitales* prononcées contre des bœufs ou des pourceaux, à raison du meurtre d'un homme ou d'un enfant. C'est qu'à cette époque on avait presque renoncé à ce mode de procédure aussi absurde que ridicule contre les animaux, et que pour la poursuite

ger ne se justifie pas au point de vue de l'hygiène et de l'économie domestique. »

Le Lévitique, chapitre xx, verset 15, s'exprime en ces termes: « *Qui cum jumento et pecore coierit, morte moriatur : pecus quoque occidite.* »

(1) La charte d'Eléonore, rédigée en 1395 et appelée *Carta de logu*, charte qui renferme le corps complet des lois civiles et criminelles de la Sardaigne, porte que les bœufs et vaches sauvages ou domestiques peuvent être tués légalement, quand ils sont pris en maraudage Les ânes atteints et convaincus du même délit, ce qui ne leur arrive guère moins souvent, sont traités avec plus d'humanité. On les assimile en pareil cas à des voleurs d'une condition plus relevée. La première fois qu'on trouve un âne dans un champ cultivé qui n'est pas celui de son maître, on lui coupe une oreille. La récidive lui fait couper la seconde. Puis une troisième fois en flagrant délit, le coupable n'est pas pendu, comme ceux de l'autre espèce, mais il est dûment confisqué au profit du prince, dont il va immédiatement grossir le troupeau. (Mimaut, *Histoire de Sardaigne*, ou *la Sardaigne ancienne et moderne*, t. Ier, p. 445 et 446).

des faits dont ils s'étaient rendus coupables, on était revenu aux seuls et vrais principes sur cette matière, en condamnant à une amende et à des dommages-intérêts le propriétaire de l'animal nuisible. On ne faisait plus le procès à la bête malfaisante, on ordonnait purement et simplement qu'elle fût assommée.

Au quinzième et au seizième siècle, dans certains procès où figurait un homme accusé d'avoir commis avec un animal un crime que nous ne pouvons désigner, l'homme convaincu de ce crime était toujours condamné à être brûlé avec l'animal qu'il avait eu pour complice (1), et même on livrait aux flammes les pièces du procès, afin d'ensevelir la mémoire du fait atroce qui y avait donné lieu.

(1) Dans un compte de la prévôté de Paris de l'année 1465 on lit ce qui suit :

« Frais du procès fait à Gillet Soulart, exécuté pour ses démérites à Corbeil. Premièrement, pour avoir porté le procès du dit Gillet en la ville de Paris; et icelui avoir fait voir et visiter par gens de Conseil, vingt deux sols parisis. *Item* pour trois pintes de vin qui furent portées au gibet pour ceux qui firent les fosses pour mettre l'attache et la truye, pour ce, deux sols parisis. *Item* pour l'attache de quatorze pieds de long ou environ, deux sols parisis. *Item* à Henriet Cousin, exécuteur des hautes justices, qui a exécuté et brûlé le dit Gillet Soulart et la truye, pour deux voyages qu'il est venu faire en la ville de Corbeil, pour ce, six livres douze deniers parisis. *Item* pour trois pintes de vin qui furent portées à la justice pour le dit Henriet et Soulart, avec un pain, pour ce, deux sols un denier parisis. *Item* pour nourriture de la dite truye et icelle avoir gardée par l'espace de onze jours, au prix chacun jour de huit deniers parisis, valent ensemble sept sols quatre deniers parisis. *Item* à Robinet et Henriet, dits les Fouquiers frères, pour cinq cents de bourrées et coterets pris sur le port de Morsant, et iceux faire amener à la justice de Corbeil, pour arrivage et achat, pour chaque cent, huit sols parisis, valent ensemble quarante sols parisis; toutes lesquelles parties montent

Quelquefois l'animal était étranglé avant d'être mis sur le bûcher, faveur que n'obtenait pas le principal accusé (1).

Un jurisconsulte fort renommé, Damhoudère, qui fut conseiller de Charles-Quint dans les Pays-Bas et qui publia vers le milieu du seizième siècle un traité sur le droit criminel (2), y soutenait encore que dans les circonstances dont il est question l'animal, bien que dénué de raison et n'étant pas coupable, devait cependant être condamné à la peine du feu, parce qu'il avait été l'instrument du crime (3).

Il paraît que cette pratique fut modifiée au dix-huitième siècle, car dans un arrêt rendu par le parlement de Paris, le 12 octobre 1741, on remarque que le coupable seul fut condamné au feu. L'animal fut tué et jeté dans une fosse recouverte ensuite de terre (4).

Avant de passer à un autre ordre d'idées, nous de-

ensemble à neuf livres seize sols cinq deniers parisis. » (Sauval, *Histoire et recherches des antiquités de la ville de Paris*, t. III, p. 387.)

Nous aurions pu citer de nombreux exemples de procès de ce genre, mais un sentiment de bienséance facile à comprendre nous défend d'entrer dans plus de détails sur des turpitudes qui outragent l'humanité.

(1) *Thémis*, ou *Journal du jurisconsulte*, t. VIII, 2e partie, p. 58 et 59.

(2) *La Practique et inchiridion des causes judiciaires*, par Josse Damhoudère; Louvain, 1554; in-4°, chap. XCVI. Il y a du même ouvrage une autre édition imprimée à Paris en 1555, sous le titre de *Practique judiciaire ès causes criminelles*.

(3) C'est ce qu'un siècle après Damhoudère disait également Claude Lebrun de la Rochette, dans son ouvrage intitulé : *Procès civil et criminel*, Rouen, 1647, t. II, p. 23.

(4) Du Rousseau de la Combe, *Traité des matières criminelles*, 1re partie, ch. II, sect. 1re, dist. 8e.

vons citer le fait suivant, qui est rapporté en ces termes dans le *Conservateur suisse* :

« La superstition, dit l'auteur de ce recueil, persuadait jadis au peuple que les coqs faisaient des œufs et que de ces œufs maudits sortait un serpent et même un *basilic*. Gross raconte dans sa *Petite chronique de Bâle* qu'au mois d'août 1474 un coq de cette ville fut accusé d'un pareil méfait, et qu'ayant été dûment atteint et convaincu, il fut condamné à mort ; la justice le livra au bourreau et celui-ci le brûla publiquement avec son œuf au lieu dit *Kohlenberger*, au milieu d'un grand concours de bourgeois et de paysans rassemblés pour voir cette bizarre exécution (1). »

Cette condamnation se rattache évidemment aux procès de sorcellerie, qui furent si multipliés pendant le quinzième et le seizième siècle. En effet on reprochait aux sorciers qui voulaient se mettre en rapport avec Satan d'employer dans leurs pratiques, entre autres moyens d'évocation, les œufs de coq, sans doute parce que ces œufs étaient réputés renfermer un serpent et que ces reptiles plaisent infiniment au diable. Il ne doit donc pas sembler étonnant que dans un temps où la superstition outrageait à la fois la religion, la raison et les lois, un malheureux coq fût condamné

(1) Le *Conservateur suisse* ou *Recueil complet des étrennes helvétiennes*, publié à Lausanne, en 1811, t. IV, p. 414. L'auteur de l'ouvrage intitulé *Promenades pittoresques dans l'évêché de Bâle*, imprimé à la Haye en 1808, et le *Journal du département du Nord*, numéro du 1er novembre 1813, mentionnent également ce singulier procès. Nous devons à la gracieuse obligeance de M. Pacile, bibliothécaire de Lille, la communication de ce curieux document.

au feu avec l'œuf qu'il était réputé avoir pondu, puisque cet œuf, dans l'esprit même des juges, était considéré comme un objet de terreur légitime, comme une production du démon (1).

Occupons-nous maintenant des procès intentés pendant le moyen âge contre les insectes et autres animaux nuisibles aux productions du sol, tels que mouches, chenilles, vers, charençons, limaces, rats, taupes et mulots.

Souvent les récoltes sont dévorées par des quantités innombrables d'insectes qui font invasion sur le territoire d'un canton, d'une commune.

Au moyen âge l'histoire mentionne fréquemment des calamités de ce genre. Ces fléaux produisaient d'autant plus de ravages, que la science agronomique, presque dans l'enfance à cette époque, offrait moins de moyens pour combattre ces désastreuses invasions.

Afin de conjurer ces maux sans remèdes humains, les populations désolées s'adressaient aux ministres de la religion. L'Église écoutait leurs plaintes; leur accordant sa sainte intervention, elle fulminait l'anathème contre ces ennemis de l'homme, qu'elle considérait comme envoyés par le démon.

Alors l'affaire était portée devant le tribunal ecclésiastique, et elle y prenait le caractère d'un véritable

(1) Le savant Lapeyronie, dans les *Mémoires de l'Académie des sciences* pour l'année 1710 (p. 553 et suiv.), a donné des détails fort intéressants sur les prétendus œufs de coq. Il y démontre la fausseté de cette erreur populaire, qui était encore de son temps partagée par les gens du monde. Les œufs dont il s'agit sont des œufs de poule incomplets dont le jaune s'est échappé dans le passage de l'*oviductus*.

procès, ayant d'un côté pour *demandeurs* les paroissiens de la localité, et de l'autre pour *défendeurs* les insectes qui dévastaient la contrée. L'official, c'est-à-dire le juge ecclésiastique, décidait la contestation. On suivait avec soin dans la poursuite du procès toutes les formes des actions intentées en justice. Pour donner une idée exacte de ce genre de procédure et de l'importance qu'on attachait à en observer les formes, nous extrairons quelques détails d'une consultation qui fut faite sur cette matière par un célèbre jurisconsulte du seizième siècle (1). L'auteur de cette consultation, ou plutôt de ce traité *ex professso*, était Barthélemi de Chasseneuz ou Chassanée (2), successivement avocat à Autun, conseiller au parlement de Paris et premier président du parlement d'Aix.

Après avoir parlé dès le début de l'usage où sont les habitants du territoire de Beaune de demander à l'officialité d'Autun l'excommunication de certains in-

(1) Cet ouvrage, qui se trouve dans les *Concilia D. Bartholomæi a Chasseneo*, Lugduni, 1588, in-folio, est intitulé : *Concilium primum quod tractatus jure dici potest, propter multiplicatem et reconditam doctrinam, ubi luculenter, et accuratè tractatur questio illa : de excommunicatione animalium insectorum*.

(2) « On l'appelle communément Chassanée, dit le président Bouhier (tome Ier de ses œuvres, page XIX, note 2), ce qui vient de ce que lui-même, dans les dernières éditions de ses ouvrages, s'appelait *Bartholomæus a Chassaneo*; mais son vrai nom, que j'ai rétabli ici, se trouve non-seulement dans une inscription qu'il rapporte lui-même et dans son contrat de mariage que, j'ai vu en original, mais encore dans ce distique qu'il mit au-devant de la première édition de son commentaire sur notre coutume (de Bourgogne) :

Hedua nunc tenet auctorem Bartholomæum, quem
Yssiacus genuit, nomine de Chasseneuz. »

sectes plus gros que des mouches, et appelés vulgairement hurebers (*huberes*) (1), ce qui leur est toujours accordé, Chasseneuz traite la question de savoir si une telle procédure est convenable. Il divise son sujet en cinq parties, dans chacune desquelles il saisit l'occasion d'étaler l'érudition la plus vaste et souvent la plus déplacée; mais cette habitude, comme on le sait, était ordinaire aux écrivains de cette époque.

Chasseneuz, pour consoler les Beaunois du fléau qui les afflige, leur apprend que les hurebers dont ils se plaignent ne sont rien en comparaison de ceux que l'on rencontre dans les Indes. Ces derniers n'ont pas moins de trois pieds de long; leur jambes sont armées de dents, dont on fait des scies dans le pays. Souvent on les voit combattre entre eux avec les cornes qui surmontent leurs têtes. Le meilleur moyen de se délivrer de ce fléau de Dieu, c'est de payer exactement les dîmes et les redevances ecclésiastiques, et de faire promener autour du canton une femme les pieds nus et dans l'état que Chasseneuz désigne en ces termes: *Accessu mulieris, menstrualis, omnia animalia fructibus terræ officientia flavescunt et sic ex his apparet unum bonum ex muliere menstrua resultare* (2).

Indiquant le nom latin qui convient le mieux aux

(1) En 1460, ces insectes occasionnèrent de si grands ravages dans les vignes, que pour y remédier il fut décidé avec les gens d'Église à Dijon, qu'on ferait une procession générale le 25 mars; que chacun se confesserait, et que défense serait faite de jurer, sous rigoureuses peines. Cela fût encore réglé en 1540. (*Annuaire du département de la Côte-d'Or pour l'an* 1827, par Amanton, p. 92.)

(2) Folio 1, verso, n° 3.

terribles hurebers, notre jurisconsulte prouve qu'ils doivent être appelés *locustæ;* il fortifie son opinion par des citations qu'il emprunte encore à tous les auteurs de l'antiquité sacrée et profane.

L'auteur discute le point de savoir s'il est permis d'assigner les animaux dont il s'agit devant un tribunal, et finit après de longues digressions par décider que les insectes peuvent être cités en justice (1).

Chasseneuz examine ensuite si les animaux doivent être cités *personnellement*, ou s'il suffit qu'ils comparaissent par un *fondé de pouvoir.* « Tout délinquant, dit-il, doit être cité personnellement. En principe, il ne peut pas non plus se faire représenter par un fondé de pouvoir; mais est-ce un délit que le fait imputé aux insectes du pays de Beaune? Oui, puisque le peuple en reçoit des scandales, étant privé de boire du vin, qui, d'après David, réjouit le cœur de Dieu et celui de l'homme, et dont l'excellence est démontrée par les dispositions du droit canon, portant défense de promouvoir aux ordres sacrés celui qui n'aime pas le vin (2). »

Cependant Chasseneuz conclut qu'un défenseur nommé d'office par le juge peut également se présenter pour les animaux assignés, provoquer en leur nom des excuses pour leur non-comparution et des moyens pour établir leur innocence, et même des exceptions d'incompétence ou déclinatoires; en un mot, proposer toutes sortes de moyens en la forme et au fond (3).

(1) Folio 3.
(2) Folio 3, verso, nos 6 et 7.
(3) Folio 5, nos 45 et 46.

Après avoir discuté fort longuement la question de savoir devant quel tribunal les animaux doivent être traduits, il décide que la connaissance du délit appartient au juge ecclésiastique, en d'autres termes, à l'official (1).

Enfin, dans la dernière partie de son traité, Chasseneuz se livre à de longues recherches sur l'anathème ou excommunication. Il développe de nombreux arguments au moyen desquels il arrive à conclure que les animaux peuvent être excommuniés et maudits. Parmi ces arguments, qui sont au nombre de douze, nous ferons remarquer ceux-ci :

« Il est permis d'abattre et de brûler l'arbre qui ne porte pas de fruit ; à plus forte raison peut-on détruire ce qui ne cause que du dommage. Dieu veut que chacun jouisse du produit de son labeur.

« Toutes les créatures sont soumises à Dieu, auteur du droit canon ; les animaux sont donc soumis aux dispositions de ce droit.

« Tout ce qui existe a été créé pour l'homme ; ce serait méconnaître l'esprit de la création que de tolérer des animaux qui lui soient nuisibles (2).

« La religion permet de tendre des piéges aux oiseaux ou autres animaux qui détruisent les fruits de la terre. C'est ce que constate Virgile, dans ces vers du premier livre des *Géorgiques :*

Rivas deducere nulla
Relligio vetuit, segeti prætendere sepem,
Incidias avibus moliri.

(1) Folio 3, verso, n° 5.
(2) Folio 14, verso, n° 91.

« Or le meilleur de tous les pièges est sans contredit le foudre de l'anathème (1).

« On peut faire pour la conservation des récoltes même ce qui est défendu par les lois : ainsi les enchantements, les sortiléges prohibés par le droit, sont permis toutes les fois qu'ils ont pour objet la conservation des fruits de la terre ; on doit, à plus forte raison, permettre d'anathématiser les insectes qui dévorent les fruits, puisque, loin d'être défendu comme le sont les sortiléges, l'anathème est au contraire une arme autorisée et employée par l'Église (2). »

A l'appui de ces assertions, l'auteur cite des exemples de semblables anathèmes, tels que ceux de Dieu envers le serpent et le figuier ; il en rapporte plusieurs comme ayant eu lieu à des époques récentes.

Il parle d'une excommunication prononcée par un prêtre contre un verger où des enfants venaient cueillir des fruits, au lieu de se rendre au service divin. Ce verger demeura stérile jusqu'au moment où l'excommunication fut levée à la demande de la mère du duc de Bourgogne (3).

Chasseneuz signale aussi l'excommunication fulmiminée par un évêque contre des moineaux qui auparavant souillaient de leurs ordures l'église de Saint-Vincent et venaient troubler les fidèles (4).

(1) Folio 16, verso, n° 111.

(2) Folio 16, verso, n°s 116 et 117.

(3) Folio 17, n° 120.

(4) Folio 17, n° 123. Guillaume, abbé de Saint-Théodoric, qui a écrit la vie de saint Bernard, rapporte que ce saint, prêchant un jour dans l'église de Foigny (l'une des premières abbayes qu'il avait fondées en 1121 dans le diocèse de Laon), des mouches en

Mais, ajoute notre auteur, nous avons dans ces derniers temps des exemples encore plus décisifs. Il raconte alors qu'il a vu à Autun des sentences d'anathème ou d'excommunication prononcées contre les rats et les limaces par l'official de ce diocèse et par ceux de Lyon et de Mâcon ; il entre dans le détail de cette procédure ; il donne d'abord le modèle de la requête des paroissiens qui ont éprouvé le dommage occasionné par les animaux dévastateurs. Il fait observer que sur cette plainte on nomme d'office un avocat, qui fait valoir au nom des animaux, *ses clients*, les moyens qu'il croit convenable à leur défense ; l'auteur rapporte la formule ordinaire d'anathème. Cette formule est conçue en ces termes : « Rats, limaces, chenilles et vous tous animaux immondes qui détruisez les récoltes de nos frères, sortez des cantons que vous désolez et réfugiez-vous dans ceux où vous ne pouvez nuire à personne. Au nom du Père, etc. (1). »

quantité prodigieuse s'étaient introduites dans cette église, et par leurs bourdonnements et leurs courses indécentes, troublaient et importunaient incessamment les fidèles. Ne voyant d'autre remède pour arrêter ce scandale, le saint s'écria : *Je les excommunie* (*eas excommunico*); et le lendemain toutes les mouches se trouvèrent frappées de mort. Leurs corps jonchèrent les pavés de la basilique, qui fut pour toujours délivrée de ces irrespectueux insectes. Ce fait devint tellement célèbre et inspira tant de vénération dans tous les pays circonvoisins, que cette malédiction des mouches passa en proverbe parmi les peuples d'alentour. (*Theophili Regnaudi opera*, t. XIV, p. 482, n° 6, *De monitoris ecclesiasticis et timore excommunicationis.*)

(1) *Adjuro vos limaces, et vermes, et omnia animalia immunda, alimenta hominum dissipantia et corrodentia hoc in territorio et parochianatu existentia, ut à dicto territorio et parochianatu, et tota parochia discedatis, et ad loca, in quibus nullis nocere possitis, accedatis, in nomine Patris, et Filii et Spiritus sancti, Amen.* (Folio 17, verso n° 124.)

Enfin Chasseneuz transcrit textuellement (1) les sentences fulminées par les officiaux d'Autun et de Lyon; on en remarque contre les rats, les souris, les limaces, les vers, etc.

Ces sentences sont presque toutes semblables; la différence qui existe entre elles n'est relative qu'au délai accordé aux animaux pour déguerpir; il y en a qui les condamnent à partir de suite; d'autres leur accordent trois heures, trois jours ou plus; toutes sont suivies des formules ordinaires d'anathème et d'excommunication.

Tel était le mode de procédure observé devant le tribunal ecclésiastique dans les poursuites contre les insectes ou autres animaux nuisibles à la terre.

La consultation de Chasseneuz, dont nous venons de donner une courte analyse, acquit à son auteur, qui n'était alors qu'avocat à Autun, une grande réputation comme jurisconsulte; elle lui valut, vers 1510, d'être désigné par l'officialité d'Autun, comme avocat des rats et de plaider leur cause dans les procès qu'on intenta à ces animaux par suite des dévastations qu'ils avaient commises en dévorant les blés d'une partie du territoire bourguignon.

Dans la défense qu'il présenta, dit le président de Thou, qui rapporte ce fait (2), Chasseneuz fit sentir

(1) Folio 17, verso, n° 125 et suivants.

(2) *Historiarum*, lib. IV, ann. 1550. Contrairement au témoignage de ce grave historien, on a prétendu que ce n'était point Chasseneuz qui avait été désigné à cette époque par l'officialité d'Autun pour plaider en faveur des rats. Toutefois ce point de controverse historique nous semble indifférent dans la circonstance qui nous occupe. Peu importe en effet que ce soit Chasseneuz ou tout autre

aux juges, par d'excellentes raisons, que les rats n'avaient pas été ajournés dans les formes; il obtint que les curés de chaque paroisse leur feraient signifier un nouvel ajournement, attendu que dans cette affaire il s'agissait du salut ou de la ruine de tous les rats. Il démontra que le délai qu'on leur avait donné était trop court pour pouvoir tous comparaître au jour de l'assignation; d'autant plus qu'il n'y avait point de chemin où les chats ne fussent en embuscade pour les prendre. Il employa ensuite plusieurs passages de l'Écriture sainte pour défendre ses clients, et enfin il obtint qu'on leur accorderait un plus long délai pour comparaître.

Le théologien Félix Malléolus, vulgairement appelé Hemmerlin, qui vivait un siècle avant Chasseneuz et qui avait publié un traité des exorcismes (1), s'était également occupé, dans la seconde partie de cet ouvrage, de la procédure dirigée contre les animaux. Il parle d'une ordonnance rendue par Guillaume de Saluces, évêque de Lausanne, au sujet d'un procès à intenter contre les sangsues, qui corrompaient les eaux du lac Léman et en faisaient mourir les poissons. Un des articles de cette ordonnance prescrit qu'un prê-

avocat qui ait été chargé de cette défense. Mais ce qu'il est intéressant de constater ici, c'est qu'à l'occasion de faits semblables à ceux que nous venons de signaler, les officialités étaient dans l'usage de nommer un avocat d'office aux animaux poursuivis devant la juridiction ecclésiastique. Voilà ce qui est hors de contestation.

(1) *Tractatus de exorcismis*. Ce traité se trouve dans le volume intitulé : *Clarissimi viri juriumque doctoris Felicis Hemmerlin cantoris quondam Thuricencis variæ oblectationis opuscula et tractatus*. 1496, petit in-folio en caractères gothiques. La partie dans laquelle l'auteur parle des procès contre les animaux, a pour titre : *Alias tractatus exorcismorum, seu adjurationum*.

tre, tel qu'un curé, chargé de prononcer les malédictions, nomme un procureur pour le peuple; que ce procureur cite, par le ministère d'un huissier, en présence de témoins, les animaux à comparaître, sous peine d'excommunication, devant le curé à jour fixe. Après de longs débats cette ordonnance fut exécutée le 24 mars 1451, en vertu d'une sentence que l'official de Lausanne prononça, sur la demande des habitants de ce pays, contre les criminelles sangsues, qui se retirèrent dans un certain endroit qu'on leur avait assigné, et qui n'osèrent plus en sortir.

Le même auteur rend compte aussi d'un procès intenté dans le treizième siècle contre les mouches cantharides de certains cantons de l'électorat de Mayence, et où le juge du lieu, devant lequel les cultivateurs les avaient citées, leur accorda, attendu, dit-il, l'exiguïté de leur corps et en considération de leur jeune âge (1), un curateur et orateur, qui les défendit très dignement et obtint qu'en les chassant du pays on leur assignât un terrain où elles pussent se retirer et vivre convenablement. « Et aujourd'hui encore, ajoute Félix Malléolus (2), les habitants de ces contrées passent chaque année un contrat avec les cantharides susdites et abandonnent à ces insectes une certaine quantité de terrain, si bien que ces scarabées s'en contentent et ne cherchent point à franchir les limites convenues. »

(1) *Propter suorum corporum exiguitatem et etatis minoritatem.* L'auteur rappelle à ce sujet les dispositions du droit romain contenues au titre du Digeste : *De minoribus viginti quinque annis.*

(2) *Et ita factum est : Et odie rite servatur et ipsis cantarides per annos singulos in tempore suo terræ portio certissima conservatur; et ibidem conveniunt et nullus de cetero per ipsos angariant.*

L'usage de ces mêmes formes judiciaires nous est est encore révélé dans un procès intenté, vers 1587, à une espèce de charançon (le *rynchites auratus*) qui désolait les vignobles de Saint-Julien, près Saint-Julien de Maurienne. Sur une plainte adressée par les habitants à l'official de l'évêché de Maurienne, celui-ci nomma un procureur aux habitants et un avocat aux insectes, et rendit une ordonnance prescrivant des processions et des prières, et recommandant surtout le payement exact des dîmes. Après plusieurs plaidoiries, les habitants, par l'organe de leur procureur, firent offrir aux insectes un terrain dans lequel ils devraient se retirer sous les peines de droit. Le défenseur des insectes demanda un délai pour délibérer, et les débats ayant été repris au bout de quelques jours, il déclara, au nom de ses clients, ne pouvoir accepter l'offre qui leur avait été faite, attendu que la localité en question était stérile et ne produisait absolument rien ; ce que nia la partie adverse. Des experts furent nommés. Là s'arrêtent malheureusement les pièces connues du procès, et l'on ignore si l'instance fut reprise et quelle décision prononça l'official (1). Mais ces détails, réunis à ceux que nous avons donnés précédemment, suffisent pour montrer quelles étaient, il y a trois siècles, les formes suivies dans ces singulières procédures.

Nous n'avons pas besoin de nous étendre sur les motifs qui avaient déterminé l'Église à employer l'excommunication contre les animaux. On comprend quel avantage ce moyen pouvait offrir au clergé, d'un côté

(1) *Mémoires de la société royale académique de Savoie*. Tom. XII. Chambéry, 1846.

par l'influence qu'il exerçait sur l'esprit timide et crédule des populations alors ignorantes et superstitieuses; d'un autre côté par le résultat pécuniaire, qui était toujours le but occulte de ses persévérants efforts. Toutefois, après plusieurs siècles, et grâce à la diffusion des lumières, ces pratiques vicieuses cessèrent, et on vit enfin disparaître ces abus de l'excommunication également contraires à la sublime morale de l'Évangile et aux vrais principes de la foi catholique.

Mais poursuivons nos investigations.

La première excommunication fulminée contre les animaux remonte au douzième siècle. En effet Saint-Foix, dans ses *Essais historiques sur Paris* (1), nous apprend que l'évêque de Laon prononça en 1120 l'excommunication contre les chenilles et les mulots, à raison du tort qu'ils faisaient aux récoltes.

De la part des tribunaux ecclésiastiques, l'usage de faire des procès aux insectes ou autres animaux nuisibles à la terre et de fulminer contre eux l'excommunication, était en pleine vigueur au quinzième et au seizième siècle.

Voici, par ordre de dates, plusieurs sentences relatives à notre sujet :

Sentence prononcée en 1451 par l'official de Lausanne contre les sangsues du lac Léman (2).

Sentence rendue à Autun le vendredi 2 mai 1480 contre les *hurebers* (insectes plus gros que les mouches), en faveur des habitants de Mussy et de Pernan,

(1) Tom. II, p. 167, édition de 1766.
(2) Elle est rapportée ci-dessus, p. 29 et 30.

par les vicaires généraux d'Antoine de Châlon, évêque d'Autun, par laquelle il est enjoint aux curés de la lire en chaire et de répéter l'excommunication *donec appareat effectus* (1).

Sentence rendue contre les limaces le 6 septembre 1481 par Jehan Noseret, chanoine de Beaujeu, chantre de Mâcon et vicaire général du cardinal Philibert Hugonet, évêque de Mâcon, dans laquelle on cite l'exemple de saint Mammet, évêque de Vienne, qui conjura de cette manière certains diables qui avaient pris la figure de loups et de porcs et qui dévoraient les enfants jusque dans les rues de la ville (2).

Sentence des grands vicaires de Jean Rollin, cardinal évêque d'Autun, donnée à Mâcon le 17 août 1487. Informés que les limaces dévastent depuis plus d'un an plusieurs terres du diocèse, ces vicaires mandent aux curés de faire des processions générales pendant trois jours sur leurs paroisses, et d'y enjoindre aux limaces de vider leur territoire sous un semblable délai, sinon de les maudire (3).

Sentence des grands vicaires d'Antoine Cabillon, évêque d'Autun, donnée à Autun le 2 mai 1488. Sur la requête présentée par plusieurs paroisses des environs de Beaune, les grands vicaires mandent aux curés d'enjoindre, pendant les offices ou les processions, aux *urebers* de cesser leurs ravages, ou de les excommunier (4).

Sentence du grand vicaire de l'église de Mâcon,

(1) Chasseneuz, ouvrage précité, folio 19.
(2) Chasseneuz, même folio.
(3) Chasseneuz, folio 19.
(4) *Ibid.*

donnée à Beaujeu le 8 septembre 1488, sur les plaintes de plusieurs paroissiens. Même mandat aux curés de faire trois invitations aux limaces de cesser leurs dégâts, et faute par elles d'obtempérer à cette injonction, de les excommunier (1).

Sentence d'excommunication prononcée par le juge ecclésiastique dans les premières années du seizième siècle, contre les sauterelles et les bruches (*becmares*) qui désolaient le territoire de Millière en Cotentin, et qui dès lors périrent toutes (2).

Sentence de l'official de Troyes en Champagne, du 9 juillet 1516. « En cette année les habitants de Villenauxe, au diocèse de Troyes, présentent requête à l'official de cette ville, disant qu'ils sont excessivement incommodés depuis plusieurs années par des chenilles qu'ils appelaient *hurebets* (3) : *Adversus bruchos seu erucas, vel alia non dissimilia* ANIMALIA *gallice hurebets*. Ce juge ecclésiastique ordonne d'abord, sur les conclusions du promoteur, une information et une descente de commissaires, qui reconnurent que les dommages causés par les animaux dont on se plaignait étaient très-considérables : sur quoi première ordonnance qui enjoint aux habitants de corriger leurs mœurs. Bientôt une nouvelle requête dans laquelle ceux-ci promettent de mener une meilleure conduite. Seconde ordonnance

(1) Chasseneuz, ouvrage précité, folio 19.

(2) *Theophili Raynaudi opera*, t. XIV, *De monitoriis ecclesiasticis, et timore excommunicationis*, p. 482.

(3) Ce sont évidemment les mêmes insectes dévastateurs des récoltes que Chasseneuz, dans la consultation ci dessus analysée, nomme *urebers*.

de l'official, qui enjoint aux *hurebets* de se retirer dans six jours des vignes et territoires de Villenauxe, même de tout le diocèse de Troyes, avec déclaration que si dans le terme prescrit ils n'obéissent pas, ils sont déclarés maudits et excommuniés. *Au surplus enjoint aux habitants d'implorer le secours du ciel, de s'abstenir d'aucuns crimes, et de payer sans fraude les dîmes accoutumées* (1). »

Procès intenté en 1585 aux chenilles du diocèse de Valence. Ces chenilles s'étaient tellement multipliées en cette année dans cette contrée, que les murailles, les fenêtres et les cheminées des maisons en étaient couvertes, même dans les villes. « C'était, dit Chorier, une vive et hideuse représentation de la plaie d'Égypte par les sauterelles. Le grand vicaire de Valence les fit citer devant lui; il leur donna un procureur pour se défendre. La cause fut plaidée solennellement; il les condamna à vider le diocèse, mais elles n'obéirent pas. La justice humaine n'a pas d'empire sur les instruments de la justice de Dieu.

« Il fut délibéré de procéder contre ces animaux par anathème et par imprécation et, comme l'on parlait, par malédiction et par excommunication. Mais deux théologiens et deux jurisconsultes ayant été consultés, ils firent changer de sentiment au grand vicaire, de sorte

(1) *Somme décisoire de questions ecclésiastiques*, par Jean Rochette, avocat et conseiller à la prevosté de Troyes, imprimée en 1610; in-8°. Saint-Foix (*Essais sur Paris*, t. I, p. 176, de l'édition de 1776) raconte aussi le même fait, mais avec moins de détails. Grosley, dans ses *Ephémérides*, édition donnée par Pâris Dubreil, Paris, 1811, t. I, p. 168, a rapporté le texte latin de cette sentence.

que l'on n'usa que d'abjuration, de prières et d'aspersion d'eau bénite. La vie de ces animaux est courte, et la dévotion ayant duré quelques mois, on lui attribua la merveille de les avoir exterminés (1). »

Un savant théologien qui vivait au seizième siècle, Navarre, dont le vrai nom était Martin Azpilcueta, rapporte qu'en Espagne un évêque excommunia du haut d'un promontoire les rats, les souris, les mouches et autres animaux semblables qui dévastaient les blés et autres fruits de la terre, leur commandant de sortir du pays dans trois heures pour tout délai, et qu'au même instant la plupart de ces animaux s'enfuirent à la nage dans une île qui leur avait été désignée, se faisant un devoir d'obéir au commandement de l'évêque (2).

Ainsi, d'après le texte des diverses sentences que nous venons de rapporter, l'excommunication était ordinairement précédée de monitions, c'est-à-dire d'avertissements donnés aux animaux de cesser leurs dégâts ou de quitter le pays. Ces monitions étaient faites par les curés des paroisses. Le plus souvent elles étaient au nombre de trois; entre chacune desquelles on laissait deux jours d'intervalle. Quelquefois aussi on se contentait d'une seule monition, ce qui d'ailleurs est autorisé par le droit canon, lorsqu'il sa'git d'une affaire extraordinairement pressée.

Mais comme il arrivait fréquemment que les moni-

(1) *Histoire générale du Dauphiné*. Lyon, 1672, in-folio, t. II, p. 712.

(2) *D. Martini Azpilcuetæ Navarri opera*, t. II, *consiliorum*, lib. v, tit. *De sententia excommunicationis, consiliorum*, 52, n° 7, édition de Venise, 1601, p. 190.

tions ne produisaient pas l'effet qu'on pouvait en espérer, et que les animaux, malgré ces avertissements, persistaient à rester dans les lieux dont on demandait à ce qu'ils sortissent, l'excommunication était définitivement prononcée.

Dans le dix-septième siècle on ne rencontre plus que quelques rares procès intentés par les officialités contre les animaux; c'est qu'en effet l'Église, à cette époque, avait presque renoncé à ces ridicules procédures; aussi voit-on alors dans les règlements des différents diocèses de France introduire certaines prohibitions destinées à corriger ces abus. Ainsi par exemple, dans le rituel d'Evreux de 1606, le cardinal Duperron défend à toute sorte de personnes d'exorciser les animaux et d'user à leur occasion de prières, oraisons, etc., sans sa permission expresse et donnée par écrit : « *Cavea sacerdos ne vel ipse hoc munus exerceat, neve alios ad ipsum exercendum admittat, nisi prius habita in* SCRIPTIS *facultate a reverendissimo Ebroicensi episcopo.* »

De leur côté, les meilleurs canonistes du temps ne craignaient pas de censurer énergiquement ces excommunications fulminées contre les animaux (1). Écou-

(1) Il est bon de remarquer que dès le seizième siècle, un moine espagnol de l'ordre de Saint-Benoît, Léonard Vair, dans son livre intitulé : *De fascino libri tres*, qu'il publia à Venise chez Alde, en 1459, avait critiqué très vivement cet usage d'excommunier les animaux. Nous rapporterons le passage suivant d'après la traduction que Julien Boudon a faite de cet ouvrage, et qui a été imprimée à Paris, chez Nicolas Chesnau, en 1583 : « Il y a abus, dit cet auteur, qui a cours en quelques endroicts, lequel mérite d'estre blâmé et supprimé. Car quand les villageois veulent chasser les sauterelles et autre dommageable vermine, ils choisissent un certain conjureur pour juge, devant lequel on constitue

tons ce qu'écrit à ce sujet le chanoine Éveillon dans son *Traité des excommunications*, publié en 1651, ouvrage qui jouit en cette matière d'une réputation méritée.

Parlant de ces sortes de procès :

« J'en représenterai, dit-il (p. 520), un ici en propres termes, à ce qu'on voit comme souvent les peuples se laissent embrouiller de plusieurs erreurs et opinions absurdes auxquelles les supérieurs ecclésiastiques doivent prendre garde de se laisser emporter par une trop facile condescendance, sous prétexte de charité ; car de cette trop grande facilité naissent souvent des coutumes préjudiciables à la foi et à la religion, qu'il est certainement difficile d'extirper par après sans grand scandale et désordre ; les peuples s'opiniâtrent à toute extrémité à défendre des superstitions et abus publics pour ce qu'ils croyent que ce sont des sainctes sentences de la piété de leurs ancêtres, desquels ils révèrent la mémoire, principalement quand il y a intérêt à leur profit. »

deux procureurs, l'un de la part du peuple et l'autre du costé de la vermine. Le procureur du peuple demande justice contre les sauterelles et chenilles, pour les chasser hors des champs ; l'autre répond qu'il ne les faut point chasser. Enfin toutes cérémonies gardées, on donne sentence d'excommunication contre la vermine, si dans certain temps elle ne sort. Cette façon de faire est pleine de superstition et d'impiété ; soit pour ce qu'on ne peut mener procès contre les animaux, qui n'ont aucune raison et comme ainsi soit qu'elles sont engendrées de la pourriture de la terre, elles sont sans aucun crime ; soit pour ce qu'on pèche et blasphème griefvement quand on se moque de l'excommunication de l'Église, car de vouloir soubmettre les bestes brutes à l'excommunication, c'est tout de mesme que si quelqu'un voulait baptiser un chien ou une pierre. » (P. 315 et 316.) *Perinde et enim est excommunicationi velle subjicere an si quis canem aut lapidem baptizaret.* (P. 159 et 160 du texte latin.)

Après avoir rapporté en son entier le texte de la sentence du 9 juillet 1516, sentence que nous avons mentionnée ci-dessus, le même auteur (p. 521) continue en ces termes :

« Voici donc un échantillon de la fausse piété des peuples à laquelle les supérieurs ecclésiastiques se sont laissé décevoir. Ils étaient si simples que de faire le procès à ces bestioles pour les formes, les citer, leur donner un advocat pour les défendre, faire des enquêtes des dommages par elles faits et autres semblables. Puis ils conjuraient les divers animaux, leur déclarant qu'ils eussent à sortir de tout le territoire et se transporter en lieu où ils ne puissent nuire. Si le mal ne cessait par cette conjuration, le juge ecclésiastique prononçait sentence d'anathème et de malédiction, dont il adressait l'exécution aux curés, prêtres et habitants, les conviant de faire pénitence de leurs péchés, pour punition desquelles Dieu envoie ordinairement telles calamités. »

« C'est une chose certaine en théologie, ajoute ce canoniste (p. 522), qu'il n'y a que l'homme baptisé qui puisse être excommunié. »

Après quelques développements sur ce point, Éveillon finit par conclure (p. 524) que les animaux ne peuvent être excommuniés, qu'on peut seulement les exorciser ou adjurer dans les termes et suivant les cérémonies prescrites, sans superstition et sans observer comme autrefois une ridicule poursuite suivie d'une sentence d'anathème et de malédiction (1).

(1) Au reste on avait abusé de l'excommunication dans bien d'autres circonstances auxquelles elle devait rester étrangère :

Dulaure (1) signale encore l'existence d'un procès intenté, dans les premières années du dix-huitième siècle, contre les chenilles qui désolaient le territoire de la petite ville de Pont-du-Château, en Auvergne. Un grand vicaire, appelé Buriu, excommunia ces chenilles et renvoya la procédure au juge du lieu, qui rendit une sentence contre ces insectes et leur enjoignit solennellement de se retirer dans un territoire inculte qui leur était désigné.

Ces procédures n'étaient pas seulement suivies en Europe, mais leur usage s'était propagé jusqu'en Amérique. On y fulminait l'excommunication contre des oiseaux et contre des insectes.

ainsi « il est constant, dit un de nos plus célèbres jurisconsultes, qu'autrefois les officiaux excommuniaient les débiteurs lorsqu'ils ne satisfaisaient point leurs créanciers à jour préfix. Et quoique les canonistes crussent qu'il n'était pas permis de se soumettre par convention à la peine d'encourir les censures de l'Église, néanmoins le mauvais usage l'avait emporté sur la raison. » (M. le procureur général Dupin, *Manuel du droit ecclésiastique français*, p. 53.)

« L'excommunication, dit aussi M. Faustin Hélie (*Traité de l'instruction criminelle*, t. Ier, p. 385), était l'arme habituelle de l'Église : après avoir commencé par l'appliquer aux coupables, par en châtier les crimes, elle s'en servit pour la défense de ses intérêts, pour étendre ses pouvoirs; puis elle en frappa les magistrats qui résistaient à ses prétentions ou n'apportaient pas assez de zèle à les seconder. Cette mesure extraordinaire, qui jetait l'épouvante dans les populations, devint l'instrument le plus redoutable de la politique de Rome; mais elle fut à la fois la base la plus nécessaire de la justice ecclésiastique. Il est évident que cette justice, privée des peines temporelles, n'avait pas de sanction ni par conséquent de puissance réelle; ce n'est que par le prestige des peines spirituelles qu'elle acquit passagèrement une suprématie qui s'évanouit à mesure que ce prestige s'effaça. L'excommunicat[illegible] fit toute la force des cours d'Église; elles tombèrent avec elle. »

(1) *Histoire de Paris*, t. VII, p. 267, note 1.

Le baron de la Hontan, qui, vers la fin du dix-septième siècle, passa de longues années au Canada, raconte que « le nombre des tourterelles était si grand dans ce pays, que l'évêque avait été obligé de les excommunier plusieurs fois par le dommage qu'elles faisaient aux biens de la terre (1). »

Nous trouvons aussi l'excommunication pratiquée au Brésil contre des fourmis ou cabas. Nous y voyons au commencement du dix-huitième siècle les religieux du monastère de Saint-Antoine intenter une action en violation de propriété contre ces insectes, afin de les faire, sous peine d'excommunication, déguerpir des lieux qu'ils avaient envahis. Le Père Manoel Bernardes, dans sa *Nova Floresta* (2), a donné la relation de ce singulier procès. Nous croyons intéressant de mettre sous les yeux du lecteur ce curieux document, transmis par cet écrivain portugais. En voici la traduction exacte :

« *Procès extraordinaire qui a eu lieu entre les Frères mineurs de la province de Piedade no Maranhao et les fourmis dudit territoire.*

« Il est arrivé (à ce que raconte un religieux dudit ordre et de cette province) que les fourmis, qui dans cette

(1) *Nouveaux Voyages dans l'Amérique septentrionale.* La Haye, 1703, t. Ier, p. 80.

(2) Lisboa, 1706 à 1728. Cet extrait de la *Nova Floresta*, de Manoel Bernardes, a été reproduit dans une revue portugaise intitulée *Jornal de Timon*, p. 386 et suiv. Lisboa, 1858, nos 11 et 12. Un de nos philologues les plus érudits et les plus expérimentés, M. Ferdinand Denis, conservateur à la bibliothèque Sainte-Geneviève, nous a communiqué cet ouvrage. Nous sommes heureux de saisir cette occasion pour le remercier de son extrême obligeance et de son bienveillant intérêt.

capitainerie sont nombreuses et très-grandes et nuisibles, afin d'agrandir leur empire souterrain et de grossir leurs greniers, ont de telle façon miné les caves des frères en creusant la terre sous les fondations, que le bâtiment menaçait ruine. Et, ajoutant délit à délit, elles volèrent la farine que l'on y gardait pour l'usage quotidien de la communauté. Comme les multitudes ennemies étaient serrées et infatigables à toute heure de jour et de nuit,

Parvula, nam exemplo est, magni formica laboris
Ore trahit quodcumque potest, atque addit acervo
Quem struit (1),

les religieux en vinrent à souffrir du besoin de la faim et à y chercher un remède; et comme les moyens dont ils firent l'essai furent sans résultat, parce que l'accord dans cette multitude y fut un obstacle insurmontable, en dernier ressort, un religieux, mû par un instinct supérieur (chose que l'on peut bien croire), donna le conseil que, recourant à cet esprit d'humilité et de simplicité qui faisait que leur séraphique patriarche nommait frères toutes les créatures : frère soleil, frère loup, sœur hirondelle, etc., ils élevassent une action contre ces sœurs fourmis devant le tribunal de la divine Providence, et nommassent des procureurs tant pour les demandeurs que pour les défenderesses, et que leur prélat fût le juge qui, au nom de la suprême équité, eût connaissance du procès et décidât la cause.

« Le plan fut approuvé; et après avoir tout disposé de la sorte, le procureur des religieux présenta une re-

(1) Horat, lib. I. *Sat.* I.

quête contre les fourmis, et comme elle fut contestée par la partie de ces dernières, il articula que les demandeurs, se conformant aux statuts de leur ordre mendiant, vivaient d'aumônes qu'ils recueillaient à grand'peine dans les habitations de ce pays, et que les fourmis, animal dont l'esprit est totalement contraire à l'Évangile, et qui était abhorré par cette raison de saint François, leur père, ne faisaient que les voler, et non-seulement procédaient en larrons fourmiliers, mais encore que par des actes de violence manifeste, elles prétendaient les expulser de leur maison et la ruiner; et que par conséquent elles étaient tenues de donner leurs motifs, et sinon, il concluait qu'elles devaient toutes mourir de quelque peste ou être noyées par quelque inondation, ou tout au moins être pour toujours exterminées dans ce district.

« Le procureur du petit peuple noir, répliquant à ces conclusions, allégua avec justice pour ses clients, en premier lieu : qu'ayant reçu du Créateur le bienfait de la vie, elles avaient le droit naturel de la conserver par les moyens que le Seigneur lui-même leur avait enseignés. — *Item*, que dans la pratique et l'exécution de ces moyens, elles servaient le Créateur en donnant aux hommes l'exemple des vertus qu'il leur a ordonnées, savoir, de la prudence en pensant à l'avenir et en économisant pour les temps de misère : *Formicæ populus infirmus, qui præparat in messe cibum sibi* (1); de la diligence, en amassant en cette vie des mérites pour la vie future selon saint Jérôme : *Formica dicitur stre-*

(1) *Prov.* XXX, 25.

nuus quisque et providus operarius, qui presenti vita, velut in æstate, fructus justitiæ quos in æternum recipiet sibi recondit (1); de la charité, en s'aidant les unes les autres, quand la charge est plus grande que leurs forces : *Pacis et concordiæ* (dit un savant) *vivum exemplum formica reliquit, quæ suum comparem, forte plus justo oneratum, naturali quadam charitate alleviat* (2); et aussi de la religion et de la piété, en donnant la sépulture aux morts de leur espèce, comme l'écrit Pline : *Sepeliuntur inter se viventium solæ, præter hominem* (3); et que le moine Marchus a observé à l'appui de sa doctrine : *Hæ luctu celebri corpora defuncta deportabant* (4). — *Item*, que la peine qu'elles avaient dans leurs travaux était beaucoup plus rude que celle des demandeurs pour recueillir, parce que la charge était bien souvent plus grande que leur corps, et leur courage supérieur à leurs forces. — *Item*, que, en admettant qu'ils fussent des frères plus nobles et plus dignes, cependant devant Dieu ils n'étaient aussi que des fourmis, et que l'avantage de la raison compensait à peine leur faute d'avoir offensé le Créateur en n'observant pas les lois de la raison aussi bien qu'elles observaient celles de la nature; c'est pourquoi ils se rendaient indignes d'être servis et secourus par aucune créature, car ils avaient commis un plus grand crime en portant atteinte de tant de façons à la gloire

(1) D. Hieron, *in illud.*, *Prov.* VI, *Vade ad formicam*, etc.
(2) Absalon Abbas apud Picinellum, in *Mundo symbolico*, lib. VIII, c. x.
(3) Plin., lib. XI, 36, 2.
(4) S. Hieron., in *Vita Malchi*.

de Dieu, qu'elles ne l'avaient fait en dérobant leur farine. — *Item*, qu'elles étaient en possession des lieux avant que les demandeurs ne s'y établissent, et par conséquent qu'elles ne devaient pas en être expulsées, et qu'elles appelleraient de la violence qu'on leur ferait devant le trône du divin Créateur, qui a fait les petits comme les grands et qui a assigné à chaque espèce son ange gardien. — Et enfin qu'elles concluaient que les demandeurs défendissent leur maison et leur farine par l s moyens humains, qu'elles ne leur contestaient pas; mais que malgré cela elles continueraient leur manière de vivre, puisque la terre et tout ce qu'elle contient est au Seigneur et non pas aux demandeurs : *Domini est terra et plenitudo ejus* (1).

« Cette réponse fut suivie de répliques et de contre-répliques, de telle sorte que le procureur des demandeurs se vit contraint d'admettre que le débat étant ramené au simple for des créatures, et faisant abstraction de toutes raisons supérieures par esprit d'humilité, les fourmis n'étaient pas dépourvues de tout droit. C'est pourquoi le juge, vu le dossier de l'instruction, après avoir médité d'un cœur sincère ce qu'exigeait la justice et l'équité selon la raison, rendit un jugement par lequel les frères furent obligés de fixer dans leurs environs un champ convenable pour que les fourmis y demeurassent, et que celles-ci eussent à changer d'habitation et à s'y rendre de suite, sous peine d'excommunication majeure, vu que les deux parties pouvaient être conciliées sans aucun préjudice pour l'une ni pour

(1) *Psalm*. XXIII, 1.

l'autre, d'autant plus que ces religieux étaient venus dans le pays par esprit d'obédience pour semer le grain évangélique, et que l'œuvre de leur entretien était agréable à Dieu, tandis que les fourmis pouvaient trouver leur nourriture ailleurs au moyen de leur industrie et à moins de frais. Cet arrêt rendu, un autre religieux, par ordre du juge, alla le signifier au nom du Créateur à ces insectes, en le lisant à haute voix devant les ouvertures des fourmilières. Chose merveilleuse et qui prouve combien l'Être suprême, dont il est écrit qu'il joue avec ses créatures : *Ludens in orbe terrarum*, fut satisfait de cette demande, immédiatement : *It nigrum campis agmen*, on vit sortir en grande hâte des milliers de ces petits animaux qui, formant de longues et épaisses colonnes, se rendirent directement au champ qui leur était assigné, en abandonnant leurs anciennes demeures; et les saints religieux, affranchis de leur insupportable oppression, rendirent grâces à Dieu d'une si admirable manifestation de son pouvoir et de sa providence. »

Manoel Bernardes ajoute que cette sentence fut prononcée le 17 janvier 1713, et qu'il a vu et compulsé les pièces de cette procédure dans le monastère de Saint-Antoine, où elles étaient déposées.

Un autre procès du même genre eut lieu dans le dix-huitième siècle au Pérou. Une excommunication y fut prononcée contre des termites (espèce de fourmis blanches), désignées dans le pays sous le nom de *comejones*, lesquelles s'étaient introduites dans une bibliothèque et en avaient dévoré un grand nombre de volumes.

Telles étaient les singulières procédures dont nous avons essayé de retracer l'histoire. Lorsqu'on voit de pareils moyens sérieusement mis en pratique, comment ne pas croire à la vertu des sciences occultes?

Dans un siècle d'activité intellectuelle comme le nôtre, on est à se demander si nos aïeux n'avaient pas bien du temps à perdre pour le dépenser à de semblables absurdités.

FIN.

www.ingramcontent.com/pod-product-compliance
Lightning Source LLC
LaVergne TN
LVHW022211080426
835511LV00008B/1704

* 9 7 8 2 0 1 2 5 3 4 6 8 1 *